Macht *Liebe*, nicht Diäten

Lars Peter Kronlob

Macht *Liebe*, nicht Diäten

Wie Männer euch sehen und lieben

Edition Esoterick Publishing

1. Auflage Februar 2022

edition@esoterick.de
www.esoterick.de

Covermodel: Lilli Luxe
lillisadventures.com

Druck und Vertrieb:
Books on Demand GmbH, Norderstedt

Made in Germany

ISBN: 978-3-936830-62-0

„Es gibt auf jeden Fall Anhänger und einen besonderen Ort für jeden Körpertypus auf dieser Welt, und wenn du dein eigener größter Befürworter bist, wird dich nichts und niemand aufhalten können.“

Lilli Luxe
Curvy Model

Inhaltsverzeichnis

Vorbemerkung

Ich mir völlig bewußt darüber, daß sich die Gesellschaft seit einiger Zeit sehr stark verändert hat, und in den nächsten Monaten noch weiter, ja sogar grundlegend verändern wird. Ich bin mir jedoch sicher, daß sich die Natur des Menschen nicht ändern wird, was bestimmte Grundbedürfnisse angeht. Menschen werden auch weiterhin Essen und Genuß mögen. Und sie werden weiterhin Lust auf Sex haben. Ich will damit sagen, trotz aller Veränderungen werden die Themen dieses Buches nicht weniger wichtig werden.

Erklärungen oder Erläuterungen sind für unterschiedliche Menschen manchmal ansprechender, wenn man bestimmte Begriffe austauscht, daher schlage ich vor, dies ganz unbefangen zu tun, sollte ich eine Bezeichnung oder einen Begriff verwenden, der beim Lesen auf innerlichen Widerstand trifft oder sich subjektiv nicht stimmig anhört.

Lars Peter Kronlob

im Februar 2022

Einleitung

Das vorliegende Buch ist der Versuch, den Leserinnen näherzubringen, wie Männer Frauen sehen, und ihnen aufzuzeigen, wie Männer ticken, wenn es um Interaktion mit Frauen geht. Es geht bei den angesprochenen Themen jeweils um die *männliche* Sichtweise und ist damit sozusagen ein Männerversteher-Buch für Frauen. Das bedeutet, ich werde sowohl ein wenig beleuchten, wo sich männliche und weibliche Wahrnehmung und Sichtweisen unterscheiden, als auch zu verschiedenen Themen darlegen, wie Männer im allgemeinen über Frauen und deren Sichtweise denken. Mir ist bewußt, daß ich natürlich nicht für alle Männer sprechen kann, da jeder Mann seinen persönlichen Geschmack und bestimmte Vorlieben hat, jedoch geht es mir um grundlegende Eigenschaften und Ansichten, die den meisten Männern in der ein oder anderen Form zu eigen sind. Ich hoffe, daß ich für einige Frauen möglicherweise nützliche Informationen anbieten kann, wenn es um die Denkweise von Männern geht. Falls du dich fragst, wieso ein Buch, das für sich in Anspruch nimmt, ein Männerversteher-Buch zu sein, nur ein kleines Büchlein ist, dann liegt das daran, daß Männer im allgemeinen kein Labyrinth wählen, um den Weg zwischen zwei Punkten zurückzulegen, denn Männer sind gar nicht so kompliziert, wie du vielleicht gedacht hast.

Meine Lebensmaxime lautet „Jedem das Seine." Das habe ich auch als Tattoo auf meinem Arm (Suum cuique.), und bedeutet für mich sowohl, daß jeder Mensch seinen ganz persönlichen Weg mit seinen individuellen Entscheidungen gehen muß, als auch, daß jeder Mensch aufgrund seines Bewußtseins und seiner Entscheidungen seine eigene Realität erschafft und daher selbst für sein Leben verantwortlich ist. Was ich mit diesem Buch versuche, ist nicht, meine Sichtweise als die „richtige" darzustellen, sondern ein wenig Hilfestellung zu bieten, wenn es darum geht, Männer zu verstehen. Wenn ich also beispielsweise vorschlage, daß sich eine Frau weiblich kleiden sollte, wenn sie einen Mann auf sich aufmerksam machen möchte, dann will ich damit nur sagen, daß diese Methode die wahrscheinlichste Aussicht auf Erfolg hat. Ich biete lediglich Informationen an. Was du damit anfängst, ist deine Sache.

Ich möchte betonen, daß es mir bei meinen Ausführungen nicht um wirklich extrem übergewichtige Frauen geht, sondern um die zahlreichen Frauen, die eigentlich die Norm bilden (aber dennoch denken, sie wären zu dick) und damit die große Gruppe zwischen den beiden Extremen der superschlanken bis dünnen Frauen und den sehr stark übergewichtigen Frauen ausmachen.

Ich liebe weibliche und sinnliche Frauen. Das heißt nicht, daß ich wortwörtlich *alle* entsprechenden Frauen liebe und für interessant oder attraktiv halte, und ich komme auch nicht mit allen Frauen gut aus. Es geht mir hier um das Gefühl *an sich*; ohne Frauen wären die Welt und das Leben trist, langweilig, einseitig und vor allem unvollständig, einfach weil sie den natürlichen Gegenpol zu den Männern bilden. Ich bin mir ziemlich sicher, daß ich für viele, wenn nicht die meisten Männer spreche, wenn ich sage, daß Frauen eine ganz besondere Faszination ausüben. Damit meine ich nicht den biologischen Impuls, der uns Männer ganz automatisch dazu veranlaßt, uns nach ihnen umzudrehen und sie gelegentlich auch mit den Augen und in Gedanken auszuziehen, sondern eine Art unerklärliche Faszination, der wir uns einfach nicht entziehen können. Meiner Erfahrung nach (und auch da werden mir viele Männer zustimmen) handelt es sich bei denjenigen Frauen, die bei uns Männern diesen Impuls auslösen, um Frauen, die eher klassisch weibliche Züge und ein klassisches weibliches Bewußtsein haben; soll heißen: die gerne weibliche Frauen sind, sich dafür nicht entschuldigen oder schlecht fühlen, weil die „Befreiung" der Frau durch den Feminismus zum Glück an ihnen vorbeigegangen ist, und die im Gegenteil ihre Weiblichkeit lieber in den Vordergrund stellen und dadurch entsprechende Vorteile nicht nur nebenbei akzeptieren, sondern bewußt ausreizen. Frauen haben eine unglaubliche Macht über Männer, doch die meisten Frauen sind sich dieser Macht entweder nicht bewußt oder sie versagen sie sich aus moralischen oder anderen Gründen. Die Grundlage dieser Macht ist Weiblichkeit, ist Sinnlichkeit, daher ist dieses Buch der Versuch, den Frauen nahezubringen, sich dieser Grundlagen wieder bewußt zu werden und sie auszuleben. Hier geht es wohlgemerkt nicht um manipulativen Machtmißbrauch, sondern um das Zulassen und Akzeptieren natürlicher Macht.

Angesichts des sich leider verbreitenden Unsinns namens Gender-Mainstreaming, dessen Vertreter die absurde Idee propagieren, Geschlecht wäre nur ein anerzogenes Rollenkonstrukt, möchte ich klarstellen, daß ich diesbezüglich einen sehr klassischen Ansatz vertrete: Ob jemand ein Mann oder eine Frau ist, wird durch biologische Merkmale definiert. Punkt.

Ich behaupte, daß die meisten Frauen mit ihrem Gewicht unzufrieden sind und gerne weniger wiegen möchten. Wenn man der Filmemacherin Tarym Brumfitt glaubt, die in ihrem 2018 erschienenen Film *Embrace* der Frage nachgeht, warum so viele Frauen fremdbestimmt und unglücklich mit ihrem Gewicht sind, dann hassen sogar über 90% der Frauen ihren eigenen Körper. Doch selbst wenn diese Zahl etwas hoch angesetzt erscheinen mag, so gibt es doch in den Reihen der Frauen unbestritten eine gewisse neurotische Fixierung, was ihr Gewicht betrifft. Man trifft nur selten eine Frau, die mit ihrem Aussehen und Gewicht zufrieden oder gar glücklich ist, die meisten Frauen halten sich, sofern sie mit Außenstehenden über dieses Thema sprechen, für „zu dick".

Jede Woche erscheinen mehrere Dutzend Magazine und Zeitschriften mit neuen Diäten, die den Eindruck vermitteln, daß Diäten zum Leben der normalen Frau gehören wie Mode und Tratsch. Doch wann eine Frau „zu dick“ oder „übergewichtig“ ist, hat sich im Laufe der Zeit durch Medienpropaganda gewandelt, und ist noch immer unterschiedlich, je nachdem in welchem Land man gerade ist. Es gab Zeiten, da war die „Rubens-Frau“ das Maß aller Dinge, doch seit den 1960er-Jahren (mit Lesley „Twiggy“ Lawson als Tiefpunkt) und dem zunehmenden Einfluß amerikanischer Normen und Verhaltensweisen in Europa, gibt es auch bei uns den verbreiteten Schlankheitswahn, der vielen Millionen schönen und weiblichen Frauen suggeriert, sie wären dick und unattraktiv. Ob man dazu irgendwelche Formeln benutzt, die der herrschenden und sich ständig wandelnden medizinischen Lehrmeinung entsprechen, oder ganz willkürlich Zahlen aus dem Hut zaubert, die meisten Frauen haben die fixe Idee, ein bestimmtes Gewicht zu erreichen und zu halten, ganz egal wie sehr ihnen ihr Körper sagt, daß es unsinnig ist. Solange sie ihr Wunschgewicht nicht erreichen, fühlen sie sich „zu dick“ und sind frustriert, weil sie glauben, zuviel zu wiegen. Während einer Diät und sogar nach Erreichung ihres Ziels sind sie jedoch weiterhin frustriert, einfach weil „auf Diät“ zu sein immer auch Einschränkung und Verzicht bedeutet, aber hauptsächlich weil es unnatürlich ist.

Verschiedene Angaben und Untersuchungen von verschiedenen Instituten ergeben bei einer Nachforschung die Angabe, daß mehr als 50% der Frauen „übergewichtig“ sind. Doch das ist keine in

Stein gemeißelte Wahrheit, sondern lediglich die vorherrschende Meinung derjenigen, die sich auf den sogenannten Body-Mass-Index (BMI) beziehen, eine bereits 1832 vom belgischen Mathematiker Adolphe Quetelet entwickelte und seit 1995 von der WHO offiziell verwendete Methode zur Bestimmung von Übergewichtigkeit. Quetelet hatte die Berechnung jedoch zum Vergleich von ganzen *Völkern* entworfen, und keineswegs zur Errechnung von Übergewicht bei Einzelpersonen. Die Verwendung des BMI ist längst überholt und völlig unrealistisch und ungenau, weil sie zu viele individuelle Aspekte eines Menschen unberücksichtigt läßt, wird aber leider weiterhin in Medizin, Kranken- und Altenpflege sowie Ernährungslehre als das Maß der Dinge betrachtet. Der BMI errechnet sich aus Körpergewicht in Kilogramm geteilt durch Körpergröße in Metern zum Quadrat. Das ist ungefähr so individuell, als würde ich die Intelligenz eines Menschen aus einer Korrelation der Größe seines Kopfes und dem Gewicht seines Gehirns bestimmen. In diesem Buch hingegen vertrete ich die Ansicht, daß jeder Mensch ein natürliches Gewicht hat, das von bestimmten individuellen Umständen abhängt, auf die ich später noch eingehen werde.

Wenn eine stark übergewichtige Frau, die deshalb adipös ist, weil sie *tatsächlich* viel zu viel ißt, und diese Frau einfach weniger ißt und darauf achtet, was sie ißt, dann ist das keine Diät, sondern eine Ernährungsumstellung. Wenn einer normalen Frau mit durchschnittlichem Gewicht mit 45 Jahren die schöne Hose, die sie schon besitzt, seit sie 25 ist, nicht mehr paßt, und sie daraus die fixe Idee entwickelt, sie müßte jetzt abnehmen, damit ihr die Hose wieder paßt, dann ist das eine Diät, und zwar eine unsinnige.

Diäten sind maximal als kurzfristiges Mittel zum Zweck gedacht, als Kompensation und Ausbalancierung von Zeiten, in denen eine Frau aus verschiedenen Gründen stark zugenommen hat und sich weit von ihrem individuellen, natürlichen Gewicht entfernt hat, aber nicht als dauerhafter Lebensstil, hauptsächlich weil Diäten körperlich anstrengend und zehrend sind. Aus diesem Grund erfolgt, wenn der Leidensdruck aufgrund der Diät zu hoch wird, der Rückschritt in die alten Verhaltensmuster, was zu erneuter Gewichtszunahme führt. Der berühmte Jojo-Effekt. Ist die Frustration zu groß, geben einige Frauen auch auf und nehmen mehr zu als jemals zuvor. Gewichtsschwankungen von 1-2 kg im Laufe einiger Tage sind normal, aber ständiger Wechsel zwischen starker Gewichtsabnahme und -zunahme ist für den Körper ein biologischer Streßfaktor.

Wenn Diäten dauerhaft funktionieren würden, wäre beispielsweise das von Diäten besessene Amerika das Land der Schlanken. Doch im Gegenteil hat Amerika neben zwei unbedeutenden, kleinen Staaten mit relativ wenig Einwohnern (Amerikanisch Samoa, ca. 110.000 Einwohner; Kiribati, ca. 55.000 Einwohner) den größten Anteil an fettleibigen Menschen, nämlich knapp 67% der Bevölkerung. Das sind ca. 215 Millionen Menschen.

„Es gibt einen gewissen kulturellen Unterschied, den ich gern mal in Princeton erforschen würde. Amerikanische Frauen denken über ihr Gewicht etwa genauso wie lateinamerikanische Frauen: Alle haben den Wunsch nach behaglicher Fülle. Und wenn dieser Wunsch durch Mode unterdrückt wird und mit Entbehrung reagiert, dann bekommen diätfixierte, übertrainierte amerikanische Frauen Angst vor allem, was mit Kurvenreichtum in Verbindung gebracht werden könnte, etwa Wollust, Begierde, Sex, Essen, Mutterschaft, also praktisch das Schönste im Leben."

aus dem Film *Spanglish*

Frauen sind anders... als Männer

Viele Frauen, die entweder als übergewichtig gelten oder sich dafür halten, sind unsichere Persönlichkeiten, doch das Gewicht an sich ist nicht das Problem, sondern die von Mode und Werbung suggerierte *Einstellung* dahinter, nämlich sich dick oder unattraktiv zu *fühlen.* Eine Wahrnehmung, die, wenn wir extremes Übergewicht und starke Fettleibigkeit außen vor lassen, interessanterweise meist falsch ist, da sehr viele Männer gerade diejenigen Frauen attraktiv finden, die mehr weibliche Kurven aufweisen können als die mageren Models, die den Frauen der Welt als Vorbilder präsentiert werden. Viele Frauen meinen auch, sie müßten abnehmen, um sexuell attraktiv zu sein, bewirken jedoch damit genau das Gegenteil; einerseits weil sie im Falle ihres „Erfolges" für viele Männer eher zu schlank sind, andererseits weil sie durch ihre Abstinenz in ihrem Verhalten und ihrer Ausstrahlung nicht mehr sinnlich wirken. Das Paradoxe ist, daß viele Frauen eine bestimmte Figur haben wollen, weil sie denken, damit attraktiver *für Männer* zu sein, während sie in der Regel eher das Gegenteil erreichen, ähnlich wie die Männer, die sich in der Muckibude zu einem Abbild von Comicfiguren machen, weil sie glauben, daß Frauen darauf stehen würden.

Männer machen sich diesbezüglich weniger Gedanken und genießen lieber den Lebens- und Ernährungsstil, der ihnen gefällt. Und tatsächlich geben diejenigen Frauen, die bei sich selbst sehr kritisch sind, was ihr Äußeres angeht, oftmals an, daß ein selbstbewußter und souveräner Mann, der ein wenig zuviel wiegt oder einen Bauchansatz hat, für sie dennoch attraktiver und interessanter ist, als der Schnösel mit dem Sixpack.

Im umgekehrten Fall finden die meisten Männer eher archetypisch weibliche Frauen mit etwas mehr Kurven attraktiv, wenn sie im Gesamteindruck *sinnlich* wirken. Das hat nicht nur mit dem Äußeren zu tun. Eine sinnliche Frau bewegt sich sinnlich, ißt sinnlich, *lebt* sinnlich, strahlt mit jeder Faser Sinnlichkeit aus. Und diese Sinnlichkeit zieht uns Männer an wie das Licht die Motten. Es ist ein biologischer Urinstinkt, gegen den wir nichts ausrichten können, ebenso wie man einer Katze nicht abtrainieren kann, sich nach Mäusen umzudrehen.

Eine Frau, die eine sportliche und schlanke, nach Meinung der Medien „perfekte“ Figur hat, aber nicht sinnlich ist, empfinden wir als weniger attraktiv oder auch als langweilig, insbesondere im sexuellen Sinne. Das soll nicht heißen, daß sehr schlanke Frauen nicht sinnlich sein können, doch sind sie es nur dann, wenn sie *natürlich* schlank sind, und nicht aufgrund ständiger Diäten.

Liebe Frauen, ich verstehe, wenn ihr eure weiblichen Vorzüge nicht übertrieben darbieten möchtet, weil ihr nicht möchtet, daß Männer euch nur nach dem Äußeren beurteilen oder gar als „Sexobjekt“ sehen, aber wenn ihr Männern auffallen *möchtet*, dann solltet ihr auch nicht in Labberklamotten und wallenden Gewändern herumlaufen, sondern in Kleidung, die eure Weiblichkeit betont und die Aufmerksamkeit der Männer auf euch zieht, denn um einen Mann zu beeinflussen oder auch nur wissen zu lassen, daß ihr eine interessante Persönlichkeit seid, müßt ihr zunächst seine Aufmerksamkeit haben. Männer sind von Natur aus visuell geprägt. Und das meine ich wortwörtlich. Es ist unsere Natur und wir können gar nicht anders als euch anzusehen, sofern ihr den Kriterien für Weiblichkeit entsprecht. Und das sind in der Natur der Frau nun mal Kurven. Es zeugt also meiner Ansicht nach von Geschicklichkeit und Intelligenz, wenn ihr Frauen eure naturgegebenen Vorteile gegenüber den Männern nutzt, anstatt euch genau diese Vorteile zu untersagen. Denn wenn ihr unsere Aufmerksamkeit habt, könnt ihr noch immer zeigen, was für eine Persönlichkeit ihr seid.

„Die Frauen müssen wieder lernen, den Mann auf das neugierig zu machen, was er schon kennt.“

Coco Chanel

Übrigens möchten wir Männer auch in einer Beziehung eine Partnerin haben, die für uns die Schönste und Attraktivste ist. Ebenso wie Männer nach der Anfangsphase einer Beziehung nicht nur noch in Jogginghose rumlaufen sollten, erwarten wir von unserer Partnerin auch weiterhin, daß wir die Vorzüge ihrer Weiblichkeit sehen können. Denn falls sich unsere Partnerin nach der anfänglichen Phase der Beziehung dazu entscheidet, nur noch in Kleidung herumzulaufen, die sie zwar sehr bequem findet, aber auch ein asexuelles Etwas aus ihr macht, werden wir früher oder später bemerken, daß wir auf einmal wieder den Frauen auf der Straße hinterhersehen, die sich betont weiblich kleiden. Natürlich könntet ihr uns einfach oberflächlich und schwanzgesteuert nennen. Ihr könntet aber auch unsere Natur einfach zu eurem Vorteil nutzen. Ich habe schon mit so vielen Frauen gesprochen, die gerne einen Mann kennenlernen würden, die aber offenbar die biologische Präferenz der Männer für visuelle Eindrücke unterschätzen. Gerade Frauen über 40, die vielleicht schon einmal verheiratet oder lange Single waren, tun sich schwer damit, einen neuen potentiellen Partner kennenzulernen, weil sie jahrelang einfach keinen Wert darauf gelegt haben, einen Mann optisch zu beeindrucken. Sie haben sich in einem Leben voller Verpflichtungen, Terminen und Dingen, die erledigt werden müssen, daran gewöhnt, praktisch und pragmatisch zu leben und sich mit Jeans, T-Shirt und Turnschuhen zufrieden gegeben. Und weil es so pflegeleicht ist, kam vielleicht noch eine praktische, burschikose Kurzhaarfrisur dazu. Eine Kombination alles in allem, die Männer nicht unbedingt an- oder aufregend finden.

Einstellung

Ich war schon immer der Meinung, daß eine bestimmte Art von Persönlichkeit oder Lebenseinstellung sich auf alle Bereiche des Lebens auswirkt und sich dort widerspiegelt. Die Art, wie wir die Dinge in unserem Leben handhaben, wie wir zu speziellen Themen stehen und wie wir in bestimmten Situationen mit Dingen oder Menschen umgehen, all das sagt etwas über unser Inneres aus. Wenn jemand beispielsweise einen Sinn für Ästhetik hat, dann wird sich das überall in seinem Leben wiederfinden: in der Wahl der Kleidung, der Wohnungseinrichtung, den Hobbies und Interessen, der Vorliebe für bestimmte Filme, Bücher, Kunstwerke, usw. Aber auch wie wir mit anderen Menschen umgehen, wie wir Tiere oder kleine Kinder behandeln, die Art wie wir uns bewegen, ein Geschenk verpacken, unser Habitus und Gang, kurz: unsere Art, mit unserer Umwelt zu interagieren und uns auszudrücken zeigt auf, was wir für ein Mensch sind. Aus diesem Grund funktionieren auch Dinge wie Graphologie, bei der man von der individuellen Art zu Schreiben auf die Persönlichkeit eines Menschen schließen kann.

Das vorgenannte Prinzip kann folglich auch verwendet werden, um aufgrund von speziellem Verhalten auf Eigenschaften zu schließen, die im Hinblick auf einen potentiellen (Sexual)Partner nützlich sein könnten: Ein Mann, der tanzt, als hätte er einen Stock im Arsch, und der sein Essen wie ein

Bauer in sich reinschaufelt, wird auch im Bett eher steif und schnell fertig sein. Ebenso wird ein Mann, der sich nur von Junk Food und Cola ernährt, ein völlig anderer Liebhaber sein, als ein Mann, der kochen kann und Weinkenner ist. Eine Frau, die beim abendlichen Date lediglich ein paar Salatblätter kaut und ab und zu einen Schluck Wasser trinkt, während sie Kalorien zählt, wirkt definitiv nicht sinnlich. Und schon beim Zusehen kann man sich schlecht vorstellen, daß sie eine leidenschaftliche Liebhaberin sein könnte. Die Frau hingegen, die jeden Bissen ihres Essens genußvoll zelebriert und bei der all ihre Gesichtsmuskeln den Genuß anzeigen, wird auch bei anderen körperlichen Genüssen sinnlich sein und diese genießen können.

Doch warum kann die eine Frau ihr Essen genießen und zelebrieren, während eine andere Frau sich aufgrund einer übermächtigen Selbstkontrolle zurückhält und sich den Genuß versagt? Es handelt sich hier meiner Ansicht nach um ein sehr altes, in der Gesellschaft verankertes Muster, das noch immer auf einem religiösen Konzept beruht: Schuld. Eigentlich lieben die Menschen Genuß und Lustgefühle, einfach weil es in ihrer Natur liegt. Die Religion hingegen hat mit ihren Geboten und Einschränkungen den Menschen seit Jahrhunderten eingeredet, daß Lust und Genuß „sündig" seien und sie sich schuldig fühlen müßten. Diese kollektive Gehirnwäsche ist immer noch vorhanden und auch in der heutigen Zeit subtil erkennbar, etwa wenn eine Frau mir nach einem schönen Essen erzählt, daß sie heute „gesündigt“ hätte. Das ist nicht nur eine Floskel, sondern weist auf das Vorhandensein von Schuldgefühlen hin, nur daß diese Schuldgefühle heutzutage nicht mehr von der Religion selbst erzeugt werden, sondern der Kult um Schlanksein und Diäten wurde quasi in den Status einer Religion erhoben, was ihm die gleiche Macht über seine Anhänger gibt.

Sex und Weiblichkeit

Ich habe im Laufe der Zeit aufgrund zahlreicher Gespräche festgestellt, daß viele Männer nicht wirklich auf die Art von Frauen stehen, die die Gesellschaft als schön und attraktiv erachtet, sondern sie glauben aufgrund der kollektiven mediengesteuerten Gehirnwäsche, daß eine Frau so aussehen *sollte*, weil man ihnen das seit ihrer Kindheit eingetrichtert hat. Es gibt bestimmt nicht wenige Jungs, die während ihrer Schulzeit eigentlich auf das etwas pummelige, aber süße und liebenswerte Mauerblümchen gestanden haben, aber sich aufgrund des sozialen Drucks und aus Angst vor Hänseleien nicht getraut haben, dazu zu stehen. Und später im Leben sagen ihnen Werbung, Medien und sämtliche Soaps, wie eine Frau auszusehen hat, um als attraktiv zu gelten. Und das ist vor allem ein idealisiertes, unrealistisches Bild, das der Mehrheit der Frauen einfach nicht entspricht.

Die nach Meinung der Gesellschaft sogenannte schlanke und gutaussehende Frau ist es gewohnt, umworben und verführt zu werden, da die meisten Männer entgegen ihrer natürlichen Vorlieben auf diese Frauen fixiert und konditioniert sind. Das liegt aber nicht nur an ihrem Äußeren, sondern auch an ihrer selbstbewußten Ausstrahlung, die aus ihrer inneren Einstellung resultiert, nämlich, daß sie sich attraktiv *fühlen*. Betrachtet man genauer, was Männer an Frauen attraktiv finden, so geht es nicht nur um Äußerlichkeiten, sondern in hohem

Maße auch um die Ausstrahlung und die bereits genannte Sinnlichkeit. Die fülligere Frau muß aufgrund der allgemeinen Gehirnwäsche der Gesellschaft eher aktiv werden, um sich einen Mann „zu angeln", ihn also reizen und verführen, wozu Selbstbewußtsein, Kreativität und Hingabe erforderlich sind. Das sind nicht nur Qualitäten, die den Männern an Frauen positiv auffallen, sondern auch Qualitäten, die eine gute Liebhaberin aufweisen sollte. Es heißt zwar „dumm fickt gut", aber in der Realität sind dumme und einfach strukturierte Frauen im Bett eher langweilig, weil es eben nicht reicht, wenn eine Frau einen schönen Körper hat, im Bett aber nicht weiß, was sie damit anfangen soll. Und genauso wie Selbstbewußtsein sehr erotisch und anziehend auf Männer wirkt, ist mangelndes Selbstbewußtsein ein echter Abturner, vor allem im erotischen Sinne. Eine Frau, die ständig darüber nachdenkt, wie sie jetzt wohl gerade aussieht und was der Mann in ihrem Bett wohl denkt, wenn er sie so sieht, hat ganz klar ein Problem mit ihrem Selbstwertgefühl. Es ist schon interessant: Frauen möchten nicht über ihren Körper definiert werden, aber sobald sie sich ausziehen, machen sie genau das bei sich selbst. Dabei ist es bei aller visuellen Prägung beileibe nicht nur das Körperliche, das uns Männern bei Frauen anregt und uns gefällt. Es ist, wie schon gesagt, das Gesamtbild, die Ausstrahlung und die Art, wie eine Frau sich gibt und mit ihrem Gegenüber umgeht, das den entscheidenden Ausschlag gibt, ob wir eine Frau als sinnlich und die Situation als erotisch erachten. Natürlich gibt es da draußen bestimmt genug Männer, die einfach nur eine private Sexpuppe haben möchten, aber sobald wir von der Sichtweise eines intelligenteren und im geistigen Sinne reiferen Mannes ausgehen, haben Humor, Charme und Selbstbewußtsein mindestens den gleichen Stellenwert wie ein schöner Körper. Das Zauberwort dabei heißt *Ausstrahlung*, und die basiert auf dem Selbstbewußtsein, das wiederum aus dem Selbstbild entsteht. Soll heißen: Wenn du ein negatives Selbstbild von dir hast, wirst du nicht selbstbewußt wirken und keine positive Ausstrahlung haben.

„Sexy zu sein hat nur mit Ausstrahlung zu tun, nicht mit dem Körpertypus. Es ist ein Zustand des Geistes.“

Amisha Patel

Im Jahr 2013 führte die Firma Dove ein Experiment durch, in dem verschiedene Frauen gebeten wurden, einem FBI-Phantomzeichner (der sie währenddessen nicht sehen konnte) eine Beschreibung von sich selbst zu geben, woraufhin der Zeichner ein Phantomportrait anfertigte. Im Anschluß wurden zufällig ausgewählte Männer und Frauen gebeten, dem Phantomzeichner die gleichen Frauen zu beschreiben, die er zuvor aufgrund ihrer Selbstbeschreibung gezeichnet hatte. Und erneut fertigte der Phantomzeichner aufgrund der Beschreibungen Portraits der verschiedenen Frauen an. Nachdem alle Portraits fertig waren, wurden jeweils das Portrait der Selbstbeschreibung und das Portrait der gleichen Frau aus der Fremdbeschreibung nebeneinander aufgehängt und den Frauen gezeigt. Das

Ergebnis: Sämtliche Portraits aufgrund von Fremdbeschreibungen waren nicht nur genauer, sondern die Frauen sahen darauf freundlicher, glücklicher und attraktiver aus. Die Firma Dove folgerte zurecht daraus: Du bist schöner als du denkst. Die Erkenntnis dahinter ist, daß die meisten Frauen ein sehr selbstkritisches, wenn nicht negatives Selbstbild haben, was zu Selbstzweifeln und mangelndem Selbstbewußtsein führt und damit eine verminderte Ausstrahlung zur Folge hat.

Das vorgenannte Experiment zeigt zwar auf, daß außenstehende Personen oftmals ein positiveres Bild von dir haben, als du von dir selbst, aber daraus solltest du bitte nicht die Schlußfolgerung ziehen, daß du Bestätigung von außen benötigst, um ein positives Selbstbild zu bekommen. Im Gegenteil ist es wichtig, daß du ein positives Bild von dir selbst *aus dir selbst* heraus entwickelst, denn nur dann bist du nicht abhängig von der Meinung und Sichtweise Außenstehender.

Der Genuß-Kreislauf

Ich möchte an dieser Stelle meine Grundidee skizzieren, die ich gerne vermitteln möchte.

Eine Frau, die ein (nach *ihren* subjektiven Maßstäben) erfülltes Liebesleben hat – und dabei geht es nicht unbedingt nur um die Quantität, sondern vor allem um die Qualität –, wird in der Regel weniger Hunger verspüren und nicht über das normale Maß hinaus essen, weil ihr Bewußtsein nicht auf einen Mangel ausgerichtet ist, den sie kompensieren muß, sondern ein anderer Genuß im Vordergrund steht und das Bedürfnis zu Essen in den Hintergrund tritt. Und jemand, der nicht aus Frust oder Ablenkung ißt, sondern nur dann, wenn er *echten* Appetit hat, wird sicherlich eher qualitativ hochwertiges Essen zu sich nehmen, weil es ja um den Genuß geht, und nicht darum, einfach etwas in sich hineinzustopfen, in der vermeintlichen Hoffnung, sich danach emotional besser zu fühlen.

Wie ich bereits angesprochen habe, bin ich der Meinung, daß eine Frau, die beim Essen sinnlich wirkt und mit Genuß ißt, wiederum auch beim Liebe machen Genuß verspüren und ihren Sex bewußt und leidenschaftlich genießen wird, anstatt nur ab und zu eine schnelle Nummer nebenbei zu schieben (wobei im richtigen Kontext auch ein Quickie seinen Reiz hat). Und bewußter und genußvoller Sex hat einen Effekt auf die Stimmungslage, sowohl auf der biologisch-hormonellen Ebene, als auch auf der emotionalen Ebene. Das kann von einem Gefühl der tiefen Befriedigung und Zufriedenheit bis hin zu euphorischer Stimmung reichen. Und diese emotionalen Hochgefühle führen, ebenso wie das Gefühl des Verliebtseins, zu einer Reduzierung des Hungergefühls, das zeitweilig auch ganz verschwinden kann. Man kann zwar nicht wirklich von Luft und Liebe leben, aber es hilft dabei, wenn man weniger essen möchte.

Das ganze gilt natürlich auch umgekehrt: Eine Frau, die gerne Liebe macht und es genießt, wird auch beim Essen sinnlich sein und Wert auf Genuß legen. Und ein hochwertiges Essen, vielleicht sogar mit Liebe gekocht, zu zweit gegessen, bei schöner Musik und einem Glas Wein, wird im Endergebnis sicher gesünder sein als ein schnell zubereitetes Fertiggericht. Zudem wird jemand, der beim Essen wirklich den Genuß schätzt, automatisch langsamer essen und intensiver bei jedem Bissen verweilen. Ich gehe soweit zu behaupten, daß diese Art des genußvollen Essens viel eher zu einem echten Gefühl der Sättigung führen wird als Essen, das als Ersatz für etwas anderes dient.

Zusammenfassend könnte man sagen, es entsteht eine Art Kreislauf der Sinnlichkeit, den ich mit dem Titel dieses Buches auf den Punkt bringen wollte: *Macht Liebe, nicht Diäten*.

Noch ein Gedankengang nebenbei: Sex soll ganz bestimmt kein Sport sein, als Sport erachtet oder so betrieben werden, aber ganz pragmatisch betrachtet, ist es eine körperliche Betätigung, die je nach Intensität und Dauer nebenbei den Effekt hat, Kalorien zu verbrauchen, vorausgesetzt, die Frau ist nicht nur die passiv Genießende, sondern aktiv und leidenschaftlich beteiligt.

Eine Frau hingegen, die „auf Diät" ist, wird definitiv weniger Sex haben, einerseits, weil sie ganz bestimmt weniger Lust verspürt, und andererseits, weil sie aufgrund des abstinenten Verhaltens gerade nicht sinnlich wirken wird, sondern eher lustlos, wenn nicht sogar etwas gereizt, weil sie gerade in einem frustrierenden Ausnahmezustand ist und sich währenddessen einen schönen Genuß versagt. Der vorgenannte Kreis wird also unterbrochen und endet im schlimmsten Fall in einer Abwärtsspirale, weil die lustlose Frau immer frustrierter wird, weil sie während der Diät weder den Genuß des schönen Essens, noch den Genuß von schönem Sex hat. Sie wird also weiterhin ihre Diät(en) durchziehen und dementsprechend weniger bis selten Sex haben, und im schlimmsten Fall so frustriert werden, daß sie beschließt, einfach wieder alles zu essen, worauf sie Lust hat, um ihren stärker werdenden (eigentlich emotionalen) Hunger zu kompensieren. Diese extreme Wendung führt letztendlich zu einer Gewichtszunahme und schließlich wieder an den Punkt, an dem sich die Frau für „zu dick" hält und beschließt, eine Diät zu machen. Und weder ihre negative Selbstwahrnehmung, noch ihr Plan, dies zu „verbessern", lassen sie sinnlich wirken…

Natürliches Gewicht

Wie bereits angesprochen, bin ich der Überzeugung, daß jeder Mensch ein natürliches Gewicht hat, das in direktem Zusammenhang mit seinen individuellen Lebensumständen steht. Dieses natürliche Gewicht kann nicht errechnet oder mit irgend einer Formel bestimmt werden, da es sich aus eben diesen individuellen Lebensumständen eines Menschen ergibt. Wenn wir uns das Leben eines Menschen ansehen, dann gibt es die verschiedenen Lebensbereiche, wie Arbeit/Beruf, Partnerschaft/Liebe, Geld/Finanzen, Sport/Bewegung, Essen/Ernährung, Kreativität/Selbstverwirklichung, usw. Obwohl die Gewichtung nicht bei jedem Menschen gleich ist, so spielt dennoch jeder dieser Bereiche eine Rolle im Gesamtgefüge. Im Idealfall sind die verschiedenen Anteile so ins Leben des Individuums integriert, daß die subjektiven Bedürfnisse erfüllt sind und die Person mit ihrem Leben zufrieden oder sogar glücklich ist. Soll heißen: Jemand, der einer Arbeit oder Tätigkeit nachgeht, die ihm wirklich gefällt und nicht nur als notwendiger „Job" gesehen wird, der aufgrund dessen ausreichend Geld verdient, um seinen Lebensunterhalt zu bestreiten, der seine persönlichen Wege und Methoden gefunden hat, seine kreative und produktive Energie in sein Leben einfließen zu lassen, sowie eine ausgeglichene Balance zwischen geistiger Arbeit und körperlicher Bewegung aufweist, beispielsweise in Form von Sport, Tanzen, Wandern, etc., und der nicht zuletzt die Möglichkeit in seinem Leben hat, seine emotionale Energie auszuleben, sei es in einer Partnerschaft (wobei hier noch die sexuelle Energie hinzukommt), mit guten Freunden oder in seiner Familie, der hat aufgrund einer angemessenen Auslebung aller wichtigen Lebensbereiche sicherlich auch eine subjektiv für sein Leben angemessene Art, mit dem Thema Essen und Ernährung umzugehen und sein Eßverhalten wird dem Gesamtgefüge entsprechen. Ein solcher Mensch wird aufgrund dieser gesunden Konstellation von Lebensumständen auch sein natürliches Gewicht aufweisen.

Selbstverständlich ist das Leben ein dynamischer Prozeß und in ständigem Wandel befindlich, daher wird nicht jeder Tag gleich sein und es wird Zeiten geben, in denen ein oder mehrere Lebensbereiche mehr Aufmerksamkeit verlangen oder weniger Beachtung finden, weshalb es in der Folge auch ganz natürliche Schwankungen und Veränderungen im subjektiven Eßverhalten und Gewicht eines Menschen gibt. Kommt es jedoch zu einem starken Ungleichgewicht im vorgenannten Gefüge, weil ein wichtiger Lebensbereich gerade problematisch ist oder extremen Umständen unterliegt, so folgt daraus eine direkte Änderung des Eßverhaltens. Das liegt daran, daß wir Menschen dazu neigen, unsere Lebensumstände mit unserem Eßverhalten zu kompensieren. Solange wir mit unserem Leben zufrieden und glücklich sind, essen wir gemäß unseren eigenen Maßstäben normal und angemessen, doch bei starken und dauerhaften Streßfaktoren oder emotionalen Ausnahme- oder Mangelsituationen essen wir entweder weniger, schneller, unbewußter, einseitiger oder einfach mehr, was nach einiger Zeit natürlich zu Veränderungen beim Gewicht führt.

Extremes Übergewicht beispielsweise, ist in vielen Fällen die Folge eines Mangels an Liebe, genauer gesagt eines Mangels des Gefühls, sich geliebt zu fühlen. Wie bei Alkoholikern das übermäßige Trinken, kann auch übermäßiges Essen eine Kompensation von emotionalem Mangel sein. Beim Alkohol ist es die Flucht vor dem Schmerz der Realität, im Falle von Essen ist es die Frustration über den Mangel an Liebe im eigenen Leben. Das Essen wird zum Ersatzgenuß.

Wie du einen (passenden) Mann kennenlernst

Bei aller in der Vergangenheit erworbenen und heutzutage vertretenen Gleichberechtigung gibt es dennoch einige Dinge, bei denen die Damenwelt eher klassische Vorstellungen hat, z.B. darin, daß der Mann beim Kennenlernen die Initiative zu ergreifen hat. Es ist nachvollziehbar, daß eine Frau keinen Mann möchte, der sich nicht einmal traut, sie anzusprechen, um sie kennenzulernen. Wenn du also einen Mann kennenlernen möchtest, mußt du der Männerwelt zunächst die Gelegenheit dazu bieten, was bedeutet, daß du (r)ausgehen mußt. Und zwar alleine. Ich weiß, die meisten Frauen gehen am Abend entweder in einer kleinen Gruppe oder mit einer Freundin aus, was gewollt oder ungewollt in den meisten Fällen Männer davon abhält, sie anzusprechen. Ausnahmen wären unter anderem zwei Männer, die eine Frau und ihre Freundin gemeinsam ansprechen, oder auch die Integration in eine Gruppe aus Frauen, wenn man eine der Frauen bereits kennt und den anderen vorgestellt wird. Um jedoch ziemlich sicher beim Ausgehen angesprochen zu werden, empfiehlt es sich, wie gesagt, alleine auszugehen. Ich habe bereits von vielen Frauen gehört, daß sie in diesem Fall jedoch genau von den Männern angesprochen werden, die eher uninteressant, unsympathisch oder sogar abstoßend wirken. Um dies zu vermeiden, ist natürlich zunächst die Wahl des Etablissements entscheidend, wobei eine Bar oder ein Bistro mit einem gewissen Niveau einer abgeranzten Spelunke vorzuziehen ist. Des weiteren sollte darauf geachtet werden, daß im gewählten Etablissement sowohl die gewünschte Altersgruppe zu finden ist, als auch der Typus Mann, den eine Frau ansprechend findet.

Der zweite Teil der Gleichung ist die Aufmachung der Frau selbst. Sowohl die Wahl der Kleidung als auch das Verhalten einer Frau senden bestimmte Signale aus, die zugegeben nicht von allen Männern verstanden werden, jedoch einen gewissen Filter darstellen, um möglichst diejenigen Männer anzuziehen, die von Interesse sind. Es gilt hierbei, die Balance zu finden zwischen der gewünschten Aufmerksamkeit und zuviel Aufmerksamkeit. Es ist der Kontext, der entscheidend ist, wie in so vielen Situationen. Wenn du schnell und unkompliziert einen Typen für eine Nacht aufreißen willst, dann kannst du dich ruhig übertrieben schminken und so kleiden, daß dich die Männer eher für schlampig und „schnell zu haben" halten, aber solltest du eher daran interessiert sein, jemanden kennenzulernen, der vielleicht auch beziehungstauglich ist, dann wird der Schlampen-Look nach hinten losgehen, weil wir Männer zwar kein Problem damit haben, wenn du zu Hause im Bett eine Schlampe bist, aber wenn wir mit dir ausgehen, wollen wir keine Schlampe an unserer Seite, sondern eine Lady. Außerdem wollen wir keine Frau, die jeder haben kann oder die schon jeder hatte, jedenfalls nicht für eine Beziehung. Die meisten Frauen wissen das entweder intuitiv oder aus Erfahrung und daten daher einen Mann zunächst mehrere Male, bevor die Beziehung körperlich intim wird. Was uns zurückführt zum Kontext. Um einen Mann kennenzulernen, der tatsächlich an dir interessiert ist, und nicht nur an deinem Körper, wirst du den entsprechenden Kandidaten also zunächst besser kennenlernen wollen, daher dürfen deine optischen Reize nicht übertrieben sexuell sein. Natürlich ist es die Optik, die beim Kennenlernen entscheidend ist, schließlich sieht man sich ja zuerst, bevor man sich näher miteinander beschäftigt, aber deine äußeren Signale sollten mit deinen Absichten übereinstimmen, sonst ziehst du genau die Männer an, die du gerade nicht haben willst. Überlege dir also vorher, wie du auf Männer wirken willst und welchen Typus Mann du anziehen möchtest, und passe dein Äußeres und dein Verhalten entsprechend an, jedoch ohne dich zu sehr zu verstellen. Du sollst ja nicht völlig verstellen, schauspielern oder jemand sein, der du nicht bist. Es geht nur um ein paar Nuancen, die deine Einstellung und deine Absichten unterstreichen.

Mick Jaggers langjährige Partnerin, Jerry Hall, hat einmal sinngemäß gesagt, daß man als Frau eine Lady im Salon, eine Köchin in der Küche und eine Schlampe im Schlafzimmer sein muß, um einen Mann bei der Stange zu halten. Das klingt überzogen, trifft aber ganz gut, worum es geht, nämlich den Kontext.

Bevor ich auf einzelne Beispiele eingehe, möchte ich zunächst ein paar grundlegende Überlegungen ansprechen. Wenn du in der Vergangenheit immer wieder vom gleichen Typ Mann angesprochen wurdest und du dich immer gewundert hast, warum das der Fall ist, dann versuche eine möglichst objektive Analyse von dir selbst zu machen. Damit das funktioniert, mußt du wirklich ehrlich zu dir selbst sein. Versuche, möglichst ehrlich zu betrachten, wie du auf Männer wirkst und was du nach außen ausstrahlst. Damit dich die Männer ansprechen, von denen du dies auch möchtest, mußt du zunächst klarstellen, daß dein Äußeres und deine Signale auch dem entsprechen, was du ausstrahlen möchtest. Soll heißen, wenn du dich beispielsweise sehr sportlich kleidest, wirst du von deiner Umwelt auch so wahrgenommen, und ein Mann wird von dir auch erwarten, daß du so sportlich bist, wie du dich gibst. Wenn du sehr romantisch bist und auch so wahrgenommen werden möchtest, dann sind eine stachelige Kurzhaarfrisur und jede Menge Piercings im Gesicht kontraproduktiv. Es geht nicht darum, daß du mit diesem Look nicht auch romantisch sein kannst, du wirkst nur nicht feminin. Möchtest du als reife, erwachsene Frau wahrgenommen werden, die souverän und selbständig durchs Leben geht, dann laß das labbrige T-Shirt und die Turnschuhe zu Hause und zieh dich eher etwas schicker an, trage edlen Schmuck und steck dir die Haare hoch. Wenn du stark tätowiert bist, aber keinen stark tätowierten Mann kennenlernen willst, der außer den Tattoos kaum etwas mit dir gemeinsam hat, dann verdecke deine Tattoos zunächst, weil du ansonsten darauf reduziert wirst. Wenn du eine gut gekleidete Lady bist, kannst du natürlich auch viele Tattoos unter deinem Kostüm haben, aber wenn du einen echten Gentleman kennenlernen willst, solltest du dies nicht sofort deutlich zeigen, denn der Gentleman wiederum wird zunächst auf dein Äußeres achten. Die Quintessenz ist: In der Realität betrachten Männer das Buch nun mal nach dem Umschlag.

Die Grenzen dieser Herangehensweise liegen in der Natur deines Gesamttypus begründet. Die meisten Männer haben entweder eine bestimmte Vorstellung, welchen Figurtypus eine Frau für sie haben soll, oder sie reagieren auf ihre unbewußten Vorlieben. Wir alle haben bestimmte Vorstellungen, aber auch Prägungen aus der Vergangenheit, die mitbestimmen, was wir für Vorlieben bei der Partnerwahl haben. Wenn du nun eher mollig bist, ein Mann aber auf sehr sportlich-schlanke Frauen steht, dann wirst du bei ihm nicht unbedingt landen können. Umgekehrt wird aber auch die sehr schlanke oder gar zierliche Frau keinen Mann becircen können, der auf kräftige Frauen mit üppiger Oberweite steht.

Körbe

Wenn du einem Mann einen Korb gibst, dann sei ehrlich und erfinde keine Ausreden. Es ist wesentlich angenehmer, wenn man von einer Frau erwidert bekommt: „Es ist sehr nett von dir, daß du mich ansprichst, ich kann respektieren, daß du den Mut aufgebracht hast, zu mir zu kommen, aber ich muß dir leider sagen, daß du nicht mein Typ bist“, als wenn man mit einer Ausrede abgespeist wird, wie „Ich möchte mich heute Abend gerne mit meiner Freundin alleine unterhalten, die ich seit 7 Jahren nicht gesehen habe“ oder sogar eine Telefonnummer erhält, die sich am nächsten Tag als nicht vergeben herausstellt, weil die Frau nicht ehrlich genug sein konnte, zuzugeben, daß sie nicht interessiert ist. Mädels, ganz ehrlich, ein netter, aufrichtiger Korb ist in jedem Fall besser als eine erfundene Geschichte, auch wenn man euch vielleicht so erzogen hat, immer nett zu sein und andere Menschen nicht zu verletzen. Und ja, wir Männer können die Wahrheit ertragen oder müssen halt lernen, damit umzugehen.

Kleidung

Leider kleiden sich viele Frauen aus männlicher Sicht eher unvorteilhaft, daher ein paar Worte zum Thema Kleidung: Zunächst halte ich es für sinnvoll, daß du dich mit dir selbst beschäftigst und für dich herausfindest, welcher Kleidungsstil dir gefällt, aber gleichzeitig ehrlich genug zu dir selbst bist, um zu erkennen, welcher Kleidungsstil sowohl zu deiner Persönlichkeit paßt, als auch tatsächlich *vorteilhaft* für deine Figur ist. Wenn du dir unsicher bist und zudem der Meinung, das nicht objektiv genug beurteilen zu können, hol dir ein paar Rückmeldungen von Personen, denen du vertraust, die dich aber nicht anlügen, nur um zu vermeiden, möglicherweise deine Gefühle zu verletzen. Suche nach ehrlichen und direkten Auskünften, die tatsächlich hilfreich für dich sind. Und bitte, mach nicht jede Mode mit oder kauf etwas, nur weil es gerade „in“ oder „hip“ ist. Wenn du (jemandem) auffallen möchtest, mußt du deinen eigenen Stil finden und aus der Masse herausragen, anstatt mit der konformen Herde mitzuziehen.

Wenn du *wirklich* dick bist (und ich meine damit nicht die durchschnittliche, normale Figur, die du für dick *hältst*), dann empfiehlt sich keine besonders eng anliegende Kleidung, aber wenn möglich, solltest du insgesamt noch eine typisch weibliche, sprich kurvige Ansicht bieten. Wenn du deinen Hintern nicht betonen willst, zieh einen Rock oder ein Kleid an, das deine Taille betont (z.B. ein

High-Waist-Rock oder ein Kleid mit markantem Gürtel). Auch Hosen mit hohem Bund, die nach unten weiter werden, sind eine Option. Wenn du keine Taille hast, die du betonen kannst, zeig etwas Ausschnitt oder zieh ein engeres Oberteil an, so daß man die Form deiner Brüste erahnen kann. Wenn du einen markanten Po hast, aber eher schmale Schultern und kleine Brüste (die sogenannte Birnenform), empfiehlt sich eher eine enganliegende, figurbetonende Hose und ein weiteres Oberteil. Hast du hingegen eher breite Schultern und große Brüste, solltest du eher eng anliegende Oberteile wählen, sonst wirkt dein Oberkörper zu voluminös und man denkt, du willst etwas verstecken. Egal, welche Variante du wählst, du solltest auf jeden Fall deine Weiblichkeit zeigen und nach außen Kurven präsentieren, anstatt dich in wallende Gewänder zu kleiden, die deine Formen komplett verbergen.

Es ist durchaus richtig, daß oftmals dasjenige mehr reizt oder Interesse weckt, das man nicht sehen soll (das Gesetz des Verbotenen), aber es muß eine Grundlage für das geben, was man erahnen soll. Wenn es also vor lauter weiter Kleidung nichts zu erahnen gibt, bist du visuell uninteressant für den männlichen Frauenscanner.

Für alle Frauen, die nicht in die Kategorie *wirklich* dick fallen, gilt die Grundregel der figurbetonenden Kleidung. Das sollte natürlich nicht völlig übertrieben sein, weil es sonst aussieht wie Wurst in Pelle, aber es geht, wie schon gesagt, um deine

Kurven. Außerdem sollte die natürliche und auf Männer optisch anregend und anziehend wirkende, typisch weibliche S-Form zu sehen oder sogar betont sein. Leider gibt es immer wieder modische Katastrophen, die genau das unterbinden, wie die auf den Hüften aufliegende, enge Hose, die bei einer weiblichen Frau den Effekt hat, die natürliche S-Linie der Hüften zusammenzuquetschen und eine unnatürliche Fettrolle oberhalb der Taille zu produzieren. Diese Hosen sind nur für zierliche und extrem schlanke Frauen geeignet. Alle anderen Frauen werden durch diese Hosen in ihrer Optik vermännlicht und wortwörtlich in eine Form gepresst, die Männer nicht mehr anspricht.

Wenn du nicht ohnehin eine *wirklich* selbstbewußte Frau bist (und nicht nur eine gute Fassade hast), dann weißt du das bereits, aber allen anderen Frauen möchte ich sagen: Wenn dann der Zeitpunkt gekommen ist, da du in wenig oder gar keiner Kleidung vor dem Mann deiner Wahl stehst (oder liegst), denk nicht darüber nach, wie du jetzt gerade aussiehst oder wirkst. Es stört uns Männer weniger, wenn du mehr Bauch, einen größeren Hintern oder kleinere Brüste hast, als es zunächst schien als du noch angezogen warst, aber eine Frau, die nicht zu ihrem Körper steht, ist ein Abturner.

Bei einer souveränen, selbstbewußten Frau hingegen, die *sinnlich* ist und eine erotisch selbstbewußte Ausstrahlung hat, stört uns ein großer Hintern überhaupt nicht. Er wird im Gegenteil nur noch erotischer… Eine sinnlich-erotische Ausstrahlung ist so mächtig, daß wir Männer beinahe jede körperliche Eigenschaft ignorieren können, die bei weniger selbstbewußten Frauen im Mittelpunkt ihrer Selbstwahrnehmung steht. Es gibt Frauen, die jeden Mann in ihren Bann ziehen, obwohl sie größere Narben, Verbrennungen, Cellulite oder andere vermeintlich „häßliche" oder "unschöne" Attribute aufweisen.

„Beantworte mir eine Frage: In all den Jahren, in denen du dich ausgezogen hast vor einem Herrn...“

„Was nicht viele waren.“

„Spielt keine Rolle. Hat dich je einer gebeten zu gehen? Hat dich je einer stehenlassen und ist gegangen?“

„Nein.“

„Weil es ihn nicht interessiert. Er ist im Zimmer mit einer nackten Frau. Ist doch ein Volltreffer.“

aus dem Film *Eat Pray Love*

Schminke

Um noch einmal auf das Thema einzugehen: Bei der Verwendung von Makeup gilt (außer für den Schlampen-Look) der Grundsatz: Weniger ist mehr, noch weniger ist noch mehr... Bei der praktischen Umsetzung ist es ebenso wie bei der Kleidung: Wenn der Mann dich später „oben ohne" sieht, sollte er nicht den Eindruck bekommen, daß du eine völlig andere bist, weil er sich dann getäuscht fühlen wird. Und ein Plan mit zuviel Täuschung wird nach hinten losgehen. Eine gewisse Betonung ist also durchaus in Ordnung, doch wenn du quasi eine Maske aufsetzt, wundere dich nicht über die spätere Enttäuschung deines Gegenübers. Ich denke auch nicht, daß ich mit meiner Sichtweise ganz alleine bin, wenn ich sage, daß keine Schminke am besten ist. Natürlichkeit hat nicht nur eine besondere Anziehung, sondern auch eine Ehrlichkeit, die von Selbstbewußtsein zeugt.

Frisur

Die Kopfbehaarung ist ein solch markantes äußeres Merkmal, daß es sogar viele Männer gibt, die auf bestimmte Haarfarben oder -typen fixiert sind, entweder aus einer unbewußten Prägung heraus oder aufgrund einer starken ästhetischen Vorliebe. Für die Frisur gilt das gleiche wie für Kleidung: Sie sollte zu dir und deinem Typus passen, möglichst vorteilhaft für dein Gesamtbild sein und deine Signale entsprechend unterstreichen. Grundsätzlich empfinden Männer lange Haare bei Frauen als archetypisch weiblich. Das bedeutet, daß eine Frisur mit sehr kurzen Haaren nur für eine Frau in Frage kommt, die ohnehin schon äußerst weiblich wirkt, meist aber bei zierlichen oder sehr schlanken Frauen passender wirkt. Denk an Emma Watson oder Morena Baccarin. Bei den meisten Frauen hat eine Kurzhaarfrisur den Effekt, daß sie im Gesamtbild männlicher wirken. Wenn du eher breite Hüften und schmale Schultern hast, dann würde eine Kurzhaarfrisur das sich nach oben verjüngende Aussehen nur noch verstärken, was deine Proportionen ungünstig beeinflußt. Statt dessen empfiehlt sich bei diesem Figurtypus eine Frisur mit starkem Volumen, was nur mit langen oder nicht zu kurzen Haaren technisch möglich ist. Offene Haare wirken im allgemeinen weiblicher, sinnlicher und erotischer als zusammengebundene Haare oder mit sehr viel Haarspray oder Klammern fixierte Frisuren. Hochgesteckte Haare wirken sowohl elegant als auch erotisch, während jede Art von Dutt eher bieder und konservativ wirkt, ebenso wie der Bauernzopf. Durch lockige Haare oder voluminöse Frisuren möchten wir Männer eher mit unseren Händen hindurchfahren. Ein normaler Pferdeschwanz wirkt schlicht praktisch, bei manchen Frauen langweilig und bei sehr stramm nach hinten zusammengebundenem Haar auch ein wenig streng, wenn das Haar dadurch sehr stark an der Kopfhaut anliegt. Ein leicht seitlicher Pferdeschwanz kann frech wirken und hat den gleichen Effekt wie eine asymmetrische Frisur, die aus der überall vorhandenen Symmetrie herausragen und auffallen will. Zwei Schulmädchenzöpfe sind für erwachsene Frauen eigentlich ein No Go, es sei denn es handelt sich um ein entsprechendes Rollenspiel oder die Absicht, einen Fetisch anzusprechen.

Accessoires

Das verbreitetste und gleichzeitig markanteste Accessoire ist sicherlich die Brille. Hierbei gilt, je eckiger die Brille oder je dicker ihr Rahmen, desto männlicher der Effekt. Wenn du ein ovales oder rundes Gesicht hast und deine langen Haare offen trägst, kannst du eine solche Brille tragen, aber wenn du ein eher kantiges Gesicht und kurze Haare hast oder deine Haare streng nach hinten zusammengebunden trägst, dann wirst du auf jeden Fall männlicher wirken. Ein wichtiger Aspekt einer Brille ist ihr proportionales Verhältnis zu deinem Gesicht. Soll heißen: Deine Brille sollte in Form und Größe deinem Gesicht entsprechen. Wenn deine Brille zu klein ist, wird sie dein Gesicht größer wirken lassen; wenn sie viel zu groß ist, vor allem, wenn du eine eher kleine Nase hast, wirst du damit aussehen wie eine Eule. Wenn du auf eine stark intellektuelle Ausrichtung deiner Persönlichkeit oder auf bestimmte historische, künstlerische oder ungewöhnliche Interessen aufmerksam machen möchtest, dann sind leicht nerdige Brillen mit Vintage- oder Retro-Look durchaus passend.

Was Uhren und Schmuck angeht, so sagen Material und Stil ebensoviel über dich aus wie deine Kleidung. Einzelne und edle Schmuckstücke, die markant aber nicht aufdringlich sind, unterstreichen als Understatement deine Wertschätzung von Qualität und Besonderheit. Dazu zählen typischerweise (echte) Perlen, (nicht zu große) Diamanten oder andere Edelsteine, aber auch ein Siegelring oder eine markante Brosche. Gold wirkt im allgemeinen protziger als Silber, vor allem wenn es zuviel davon ist, ebenso wie zu große und teure Uhren wie eine Rolex. Die meisten Frauen neigen intuitiv eher zu Gold *oder* zu Silber, eine Kombination sieht nur bei sehr wenigen Schmuckstücken gelungen aus. Einfache Plastikuhren und billiger Modeschmuck sprechen für sich selbst und weisen dich als wenig anspruchsvolle Persönlichkeit aus.

Signale im Alltag

Du mußt übrigens gar nicht alleine am Abend ausgehen, denn die oben beschriebenen Prinzipien gelten natürlich den ganzen Tag und überall. Du kannst auch auf dem Wochenmarkt, beim Einkaufen im Supermarkt, an der Tankstelle, auf einem Flohmarkt, im Kaufhaus oder bei einer Sportveranstaltung Männer kennenlernen, es geht nur darum, daß du die richtigen Signale aussendest. Wenn dir irgendwo im Alltagsleben ein Mann auffällt, dann schaffe dir eine Gelegenheit, ihn anzusprechen, oder ermutige ihn durch eindeutige Signale dazu, dich anzusprechen. Je nach Kontext brauchst du einen Mann nur etwas länger ansehen und ihn anlächeln, um ihn dazu zu bringen, auf dich aufmerksam zu werden und dich anzusprechen. Bei anderen Gelegenheiten könntest du ihn einfach etwas Unverfängliches fragen, um mit ihm ins Gespräch zu kommen. Sieh dir an, wofür sich ein Mann auf dem Flohmarkt interessiert; fallen dir an der Tankstelle bestimmte Aufkleber auf seinem Wagen auf, sprich ihn darauf an; ihr seid beide auf einer Sport- (oder anderen) Veranstaltung, so gibt es zumindest ein Thema, für das ihr euch beide definitiv interessiert; er steht im Supermarkt (vielleicht hilflos) vor dem Weinregal, frag ihn, ob du behilflich sein kannst (vorausgesetzt, du kennst dich etwas mit Wein aus), etc. Ich denke, du verstehst das Prinzip. Einfacher ist es für dich natürlich, wenn du eine gewisse Menschenkenntnis hast, oder sogar eine besondere Beobachtungsgabe. Es gibt ein Prinzip, das nennt sich „Cold Reading“, und es geht darum, aufgrund bestimmter Details und Feinheiten Informationen über dein Gegenüber zu erhalten, die nicht für jeden offensichtlich sind. Trägt er eine bestimmte Art von Schmuck oder Kleidung? Was hat er bislang in seinen Einkaufswagen gelegt? Deutet es vielleicht darauf hin, daß er Single ist oder (nicht) kochen kann? Sind seine Schuhe gepflegt? Ist seine Kleidung individuell kombiniert oder scheint er sich darüber keine Gedanken zu machen? Trägt er eine (protzige) Uhr? Wie behandelt er die Frau an der Kasse oder den Verkäufer im Supermarkt? Wirkt er entspannt oder gestreßt? Schau genau hin, dann fallen dir vielleicht wichtige oder nützliche Kleinigkeiten auf.

Online-Dating

Bei der Nutzung eines Online-Dating-Portals gelten viele der gleichen Regeln wie beim realen Dating. Das Wichtigste ist der erste Eindruck, online also das Profilfoto, kombiniert mit dem Profilnamen. Eigentlich sollte man nicht erklären müssen, daß das Profilfoto vorteilhaft sein sollte, aber dennoch authentisch. Also vergiß Fotos mit Weichzeichner, nimm keine großgepixelten Bilder mit Sandsturm-Optik, keine Sonnenbrillen-Fotos aus dem letzten Urlaub und keine Bilder, auf denen du nur irgendwo im Hintergrund ganz klein zu sehen bist oder das Bild so schattig ist, daß man dein wirkliches Aussehen nur erahnen kann. Auch ungünstig sind Selfies von oben, das vergrößert deine Stirn und läßt dich wie ein Alien aussehen. Generell sind Bilder, auf denen du dein Smartphone in der Hand hältst, nicht so schön, weil es die Gesamtästhetik stört. Bilder, die dich nur von hinten zeigen, sind unpersönlich und wirken, als würdest du überhaupt kein Profilfoto haben. Und bei einem realen Date läufst du ja auch nicht mit einer Tüte über dem Kopf herum. Also nicht vergessen, Männer sind optisch fixiert, daher mußt du schon ein wenig von deinem Gesicht zeigen, und vielleicht auf einem weiteren Foto einen Blick auf dein Gesamtbild gestatten, sprich: auf deine Figur. Also nimm kein Foto, auf dem du ein weites Gewand trägst. Ein potentiell interessierter Mann möchte gerne sehen, ob du dem entsprichst, worauf er steht. Du erinnerst dich, Männer stehen auf weibliche Kurven, also gib ihnen welche. Bei den meisten Portalen kann man bei den grundlegenden Eigenschaften ohnehin einen bestimmten Figurtypus als Voreinstellung wählen, und es gibt nicht wenige Männer, die sich gerne Frauen mit „ein paar Kilos zuviel“ ansehen, weil das bedeutet, daß sie… genau, *Kurven* haben. Je ehrlicher du diesbezüglich bist, desto passendere Kandidaten werden dich kontaktieren, weil ein gutes Profilbild quasi als Filter fungiert, um diejenigen anzulocken, die dein Äußeres ansprechend finden, ohne daß du dich verstecken mußt. Sollte es tatsächlich etwas in deinem Leben geben, das dir so wichtig ist, daß es unbedingt mit auf deinem Profilbild erscheinen soll, dann zeigt es zwar potentiell interessierten Männern, wie wichtig dir dein Hobby ist, kann aber auch das Gegenteil bewirken, weil du alle Kandidaten abschreckst, die kein Pferd, keinen Hund oder etwas anderes suchen, und du nur nebenbei auf dem Foto zu sehen bist. Versteh mich nicht falsch, ich mag durchaus auch einen schönen Hund oder eine interessante Katze, aber wenn man den Hund besser sieht als dich, dann würde mich das abhalten, dich zu kontaktieren. Es erinnert mich ein wenig an den alten Witz von dem Bauern, der eine Kontaktanzeige aufgibt: „Suche Frau mit Traktor. Bild des Traktors erwünscht.“

Mir als Weingenießer würde es gefallen, wenn du auf deinem Foto ein Glas Rotwein in der Hand hältst, aber es sollte natürlich nicht dein Gesicht verdecken. Und was diese Riesen-Nerdbrillen angeht: Ja, die sind wirklich unästhetisch.

Bei der Wahl des Namens gibt es natürlich so einige Möglichkeiten. *Anna* oder *Anna78* sind eher pragmatisch und direkt, *MadameButterfly*, *Augenstern* oder *MissVerständnis* sind kreativ und phantasievoll, *Sonnenschein*, *Sonnenblume* und *Sommer* sind klar als Sonnenanbeter zu erkennen, *MissSporty*, *Surferin* oder *JoggingQueen* sind das verbale Pendant zum Hund auf dem Foto. Es gibt auch so einige Namen, die ziemlich ungünstig sind, wie *Eiskönigin*, *Dorfnelke*, *GameOver* oder *Kühlwalda*. Und *Malgucken*, *Vielleicht* oder *Ich* wirken unentschlossen oder halbherzig. Komplett verzichten würde ich auf Tiernamen, das geht schnell nach hinten los. *Rennmausi*, *Hoppelchen*, *Igelchen* oder *Bergziege* sind meines Erachtens nicht so anziehend.

Was die allgemeinen Informationen deines Profils angeht, so tust du dir selbst keinen Gefallen, wenn du hier nicht ehrlich bist. Im Endeffekt belügst du nur dich selbst, wenn du bei Alter, Größe, Figurtyp und Beziehungsstatus unehrlich bist. Und spätestens, wenn du dein Date im realen Leben triffst, wird er entweder enttäuscht sein oder sich veralbert fühlen. Und niemand möchte eine Beziehung eingehen, bei der bereits im Vorfeld gelogen wird. Deshalb schreiben so viele Frauen in ihrem Profiltext, daß sie „Ehrlichkeit, Treue, Loyalität, Vertrauen und Verständnis“ voraussetzen. Das ist natürlich legitim, aber die Tür schwingt immer in beide Richtungen, Baby. Also sei keine Mogelpackung, sondern du selbst.

Ein Chat ist das Online-Gegenstück zur persönlichen Interaktion, quasi ein virtueller Dialog. Und ebenso wie ihr beim realen Date nicht schweigend dasitzen solltet, ist es auch beim Chatten wichtig, daß ihr die Unterhaltung aufrecht erhaltet und nicht zu lange mit dem Antworten wartet, weil ein auf der anderen Seite vor seinem Computer sitzender Gesprächspartner nämlich schnell sein Interesse verliert, wenn er immer wieder ziemlich lange auf eine Reaktion oder Antwort warten muß. Ein interessanter und anregender Chat-Verlauf lebt von Spontaneität und unmittelbarer Interaktion. Hier kannst du zeigen, ob du Charme und Humor besitzt, ob du schlagfertig bist und (noch) flirten kannst.

Und wenn du mit einem Mann ein Date hattest, dann hattet ihr nicht einfach nur ein Date. Nein, der Mann darf sich glücklich schätzen, daß du dich auf ein Date mit ihm eingelassen hast, deine kostbare Zeit mit ihm geteilt hast und er das Privileg genießen durfte, eine Zeit lang in deiner erlauchten Gegenwart zu verweilen und zudem in den Genuß kam, eine tiefgründige Konversation mit dir zu teilen. Aus diesem Grund ist ganz selbstverständlich und das mindeste, daß *er* die Rechnung zahlt und nicht etwa nach deutscher Unsitte die Rechnung geteilt wird. Sollte es zu einem zweiten Date kommen, was impliziert, daß du das erste Date nicht als so schlecht empfunden hast, dann kannst du beim zweiten Treffen immer noch die Rechnung übernehmen, wenn es dir um Gleichberechtigung geht.

Der Duft der Frauen

Eine Frau ist für mich am Schönsten, wenn sie morgens aufwacht, noch nicht ganz wach, sondern leicht verschlafen, sich behaglich räkelt in der Wärme unter der Decke, mit offenen, wilden Haaren, selbstverständlich ohne jegliche Schminke und nur nach sich selbst duftend, ohne künstliche Duftstoffe.

Manche Männer würden einwenden, daß ein frisch gezapftes Bier, ein edler Wein, eine teure Zigarre, neue Ledersitze, Waffenöl, ein altes Buch, frischer Kaffee oder ein Steak vom Grill die schönsten Gerüche der Welt darstellen. Für mich ist es der Duft einer Frau.

Wenn ich vom Duft einer Frau rede, dann meine ich damit nicht nur den Geruch, den man bei näherem Kontakt seitlich am Hals oder in den Haaren wahrnimmt, sondern durchaus den biologischen Geruch des gesamten Körpers. In einer Welt, die von Deo-Werbung und Körpersprays besessen ist, hat man viele Frauen leider dazu konditioniert, ihren natürlichen Geruch mit künstlichen Produkten zu kaschieren, um bloß nicht nach sich selbst zu riechen. Viele Frauen fühlen sich insbesondere unbehaglich, wenn man sie beim Liebesspiel mit dem Mund verwöhnen möchte, und glauben, sie würden nicht gut riechen, weil sie sich noch nicht gewaschen haben oder nicht frisch geduscht sind. Ich will es mal direkt ausdrücken: Wenn ich eine

Frau auf diese Art verwöhnen möchte, dann will ich ja die Frau riechen und schmecken, nicht ihr Duschgel – oder im schlimmsten Fall ein Intimspray. Überhaupt sollte man nicht vergessen, daß der olfaktorische Sinn, das Riechen, einer der stärksten, wenn nicht der stärkste Sinn mit unmittelbaren Assoziationen und Effekten für uns darstellt. Ein bestimmter Geruch kann uns im Bruchteil einer Sekunde zu einem bestimmten Moment in der Vergangenheit transportieren, uns unglaublich entspannen – oder einfach geil machen. Abgesehen davon zeigt uns der Geruch eines Menschen, ob wir uns zu diesem Menschen tatsächlich hingezogen fühlen. Die Natur hat es interessanterweise so eingerichtet, daß sich genetisch zu ähnliche Menschen nicht gut riechen können, während genetisch stark abweichende Menschen für uns wohlriechend sind, damit wir uns nicht mit jemandem paaren, der uns genetisch zu ähnlich ist. Wenn man sich jetzt vorstellt, welche Anstrengungen viele Menschen unternehmen, um ihren natürlichen Geruch zu unterdrücken, bekommt man eine Vorstellung davon, wie sehr die meisten Menschen ihrem Gegenüber auf der biologischen Seite etwas vormachen und ihr natürliches Wesen verbergen. Ich sage damit nicht, daß wir uns nicht mehr waschen und duschen sollten, sondern daß normale Körperpflege ausreicht und wir uns nicht mit künstlichen Düften zu jemand anderem machen sollten. Das gleiche gilt auch für unser Äußeres. Ich werde wohl nie verstehen, warum sich die meisten Frauen schminken oder Makeup auftragen, was für mich nichts anderes als eine Maske ist. Viele Frauen erklären dazu, daß sie nur bestimmte Aspekte betonen wollen, aber vor allem, daß sie das nur für sich machen. Unabhängig davon, ob sich eine Frau schminkt, um sich besser zu fühlen, oder um einen Mann zu beeindrucken, sollte sie sich fragen, was ihr an ihrem natürlichen Aussehen nicht gefällt. Jede Frau hat eine einzigartige Physiognomie und Details in ihren körperlichen Attributen, die ihr zu eigen sind und sie besonders machen. Warum mit künstlichen Mitteln etwas vortäuschen, das diese Einzigartigkeit beseitigt? Um den Männern zu gefallen? Dieser Ansatz geht nach hinten los, weil die meisten Männer Natürlichkeit schätzen. Außerdem wird der Mann im Erfolgsfall die Frau ohnehin später ohne Schminke sehen. Um sich selbst zu gefallen? Das bringt uns wieder zu der Frage, warum sich eine Frau nicht gefällt, wie sie natürlicherweise ist?

Sex

Meiner Ansicht nach nimmt Sex in einer Beziehung einen sehr hohen Stellenwert ein, wenn es darum geht, ob die Beziehung von Dauer sein soll. Es ist wohlgemerkt nicht das Wichtigste und nur ein Aspekt von vielen, aber es ist wichtig genug, um klar festzustellen, daß eine Beziehung nicht dauerhaft funktionieren wird, wenn das Sexleben nicht für beide erfüllend ist. Ausnahmen sind bewußt asexuell lebende Menschen oder Paare, die tatsächlich beide nur wenig für Sex übrig haben. Doch da wir hier über die Sichtweise von Männern sprechen, wage ich zu behaupten, daß fast allen Männern Sex sehr wichtig ist.

Da es verbreitete Fehlannahmen oder auch Unwissenheit seitens der Damenwelt darüber gibt, wie Männer wirklich ticken, wenn es um Sex geht, werde ich das Thema ebenso offen und direkt angehen, wie die anderen Themenbereiche des Buches, einfach um Mißverständnisse zu vermeiden.

Vorspiel

Wenn es ums Vorspiel geht, sagt man Männern im allgemeinen nach, daß sie sich nicht genug Zeit nehmen würden, und statt dessen lieber schnell zur Sache kommen wollen. Den Grund dafür möchte ich mit einem Vergleich erklären. Wenn wir Sex mit einer üppigen und köstlichen Mahlzeit vergleichen, dann laufen die meisten Männer mit einem ständigen Hunger durch ihr Leben, einfach weil sie niemals richtig satt werden. Warum? Weil es im allgemeinen ein Ungleichgewicht zwischen Männern und Frauen gibt, was den (sexuellen) Appetit angeht. Männer möchten in der Regel öfter und üppiger speisen als Frauen, und es scheint fast, als ob viele Frauen auch in dieser Hinsicht eher auf „Diät" sind, anstatt sich öfter mal wirklich satt zu essen. Wenn jetzt einer dieser ausgehungerten Männer mit einer Frau zu Abend ißt, dann möchte er nicht erst eine Stunde in der Küche stehen und entspannt das Essen vor- und zubereiten, sondern er möchte seinen Hunger stillen und sich satt essen.

Vielleicht fragst du dich, was man denn dagegen tun könnte, so daß Männer sich mehr Zeit nehmen, die kleinen Vorspeisen zu genießen, die du so liebevoll zubereitet hast? Du kannst vielleicht nicht ändern, daß da draußen zahlreiche Männer rumlaufen, die ständig Hunger haben, aber du könntest dir darüber Gedanken machen, wie es dir gelingen könnte, daß dein Partner sich öfter auch mal satt fühlt und daher mit dir auch die Vorspeisen in Ruhe genießen kann ohne direkt über das Hauptgericht herzufallen und es geradezu herunterzuschlingen. Meine Idee wäre, daß du einerseits deinem Partner ermöglichst, daß er sich oft genug satt ißt, und ihm andererseits vielleicht zwischendurch leckere Häppchen anbietest, damit er nicht wieder in den Zustand des Ausgehungertseins verfällt. Ach ja, auch ein leckeres Dessert nach dem Hauptgang ist keine schlechte Idee, um sich wirklich zutiefst gesättigt zu fühlen.

Fetisch

Im Rahmen dieses Buches ist es nicht zielführend, großartige philosophische Abhandlungen über die Ursprünge und Entstehung von Fetischismus einzubringen, sondern es soll hier um eine praktische und nützliche Sichtweise gehen, die auf die eigentliche *Funktion* eines Fetisch eingeht. Während ein Fetisch ursprünglich ein magischer Gegenstand war, dem besondere Kräfte zugesprochen wurden, hat sich der Begriff Fetischismus in unserer Zeit zu einer Beschreibung für sexuelle Praktiken gewandelt, die im weitesten Sinne mit der Einbeziehung bestimmter Gegenstände oder Materialien ins Sexualleben in Verbindung gebracht werden. Doch im Gegensatz zu dieser verbreiteten Sichtweise, ist ein Fetisch viel weitreichender als die Verwendung von Gummi, Latex, Leder oder die Fixierung auf Füße oder Schuhe.

Ein Fetisch, so wie ich den Begriff hier verwenden möchte, ist im weitesten Sinn *etwas, das die sexuelle Erregung weit über das normale Maß hinaus steigert.* Diese Definition unterstützt einerseits den Standpunkt, daß quasi jeder Mensch mindestens einen Fetisch besitzt, und grenzt andererseits den Fetisch damit auch von sexuellen Vorlieben oder Präferenzen ab, bei denen es um bestimmte optische, ästhetische oder technische Aspekte geht, die im Rahmen sexueller Erregung bevorzugt werden. Um den Unterschied noch klarer herauszuarbeiten, sehen wir uns nachfolgend an, wo der Ursprung des persönlichen Fetisch liegt. Während die Psychologie keine offizielle Erklärung für die Entstehung eines Fetisch angeben kann und wie bei vielen Abweichungen von der sogenannten Norm sogar soweit geht, Fetischismus als abnormes oder krankhaftes Verhalten dazustellen, möchte ich hier eine einfache, plausible und vor allem in der Regel überprüfbare Erklärung für die Entstehung und Funktionsweise eines Fetisch anbieten.

Die Prägung eines Fetisch, also eines Elements, welches das sexuelle Lustempfinden über das normale Maß hinaus steigert, wird durch ein erotisches Schlüsselereignis ausgelöst, auch als erotischer Kristallisationsmoment bezeichnet (englisch ECI, *erotic crystallization inertia*), in dem sich eine spezielle Komponente in Kombination mit sexueller Wahrnehmung in der Psyche konkretisiert und für immer als erotischer Trigger gespeichert bleibt. Dies geschieht üblicherweise während der Pubertät, also der Zeit, in der sich die erotischen und sexuellen Vorlieben durch entsprechende Erfahrungen herausstellen. Eine solche Prägung kann sehr markant sein, wird aber möglicherweise auch am bewußten Verstand vorbei wahrgenommen und kann daher nicht immer genau zeitlich datiert oder in der Erinnerung eingeordnet werden.

In dem Film *Eine dunkle Begierde* erzählt Sabina Spielrein, eine Patientin von Carl Gustav Jung, diesem, daß sie durch Schläge sexuell erregt werde, seit ihr Vater sie als Kind mit der nackten Hand auf den Hintern geschlagen habe. Selbst das Geräusch oder die Geste des Schlagens rufe seitdem bei ihr sexuelle Erregung und Lust hervor.

Nun muß nicht jede Prägung so dramatisch sein. Es können ganz einfache oder subtile Dinge sein, wie bestimmte Gerüche oder Worte, aber auch das Gefühl, das ein bestimmtes Material auslöst, wie Samt oder Leder. Jeder hat einen oder mehrere solcher Trigger, die diese besondere Erregung hervorrufen oder uns auch sexuell „über die Klippe springen lassen", also sehr rasch zum Höhepunkt führen.

Ich erwähne dieses Thema, weil ich der Ansicht bin, daß es das Sexleben in einer Beziehung bereichert, wenn man sich solche persönlichen Aspekte nicht nur gegenseitig erzählt, sondern auch ins Liebesspiel integriert, um sich gegenseitig größtmögliche Lust zu bereiten.

Intimrasur

Es gibt die merkwürdige Ansicht, daß Männer, die auf intimrasierte Frauen stehen, eigentlich auf junge Mädchen stehen würden. Das ist natürlich Unsinn. Zunächst einmal rufen wir uns in Erinnerung, daß Männer Voyeure sind, sie werden also durch visuelle Wahrnehmung stimuliert und erregt. Wenn wir die Geschlechtsteile einer Frau nicht sehen, sondern nur einen haarigen Busch, dann wirkt das auf uns, als ob sie etwas verstecken möchte. Auch glauben viele Frauen, sie wären „da unten" nicht ästhetisch, aus welchen Gründen auch immer. Vielleicht hast du vor dem Spiegel festgestellt, daß du dir so ohne Haare da unten nicht gefällst, aber das sollte dich nicht dazu veranlassen, sozusagen Gras oder Haare über die Sache wachsen zu lassen, denn das ist eine weitere Fehlannahme, die auf Projektion deiner eigenen Negativwahrnehmung beruht. In Wahrheit jedoch macht der Anblick einer rasierten Muschi die meisten Männer an – es sei denn, ihr spezieller Fetisch ist starke Behaarung. Ein weiterer Punkt ist der Geruch, wie bereits angesprochen, ein sehr mächtiger Reiz, und eine rasierte Frau riecht definitiv anders als eine stark behaarte Frau. Der markanteste, wenn nicht wichtigste Faktor jedoch ist das Gefühl, eine Frau im Intimbereich zu berühren. Es macht einen großen Unterschied, ob man glatte Haut streichelt oder krauses Haar. Umgekehrt ist es im übrigen so, daß ein rasierter Hautbereich auf jeden Fall eine höhere Sensibilität gegenüber taktilen Reizen aufweist.

Aus diesem Grund ist der Unterschied beim Küssen und Verwöhnen mit dem Mund ganz besonders markant, sowohl für den Mann als auch für die Frau. Und unabhängig davon, ob man Intimhaare optisch anregend findet oder nicht, denke ich, kaum ein Mann mag einen haarigen Busch oral verwöhnen und ständig Haare im Mund haben. (Stell dir als Pendant einen Mann vor, den du oral verwöhnst und der Haare auf der Eichel hat, dann verstehst du das Prinzip.) Diese Überlegungen deuten einen Mittelweg für diejenigen Frauen an, die sich nicht komplett rasieren möchten, weil sie sich zu nackt oder nicht mehr weiblich fühlen, nämlich die Teilrasur, bei der diejenigen Bereiche, die beim Liebesspiel mit der Hand oder dem Mund verwöhnt werden, rasiert werden, also insbesondere die Schamlippen, und oberhalb eine Frisur der Wahl belassen wird, sei es das klassische Dreieck, ein Streifen, ein Pfeil, ein Herz oder was immer der entsprechenden Frau gefällt.

Verbalerotik „Dirty Talking"

Ich habe ein Buch im Regal stehen, mit dem Titel *Ich nenne es »Da unten«*. Dieser Titel bringt den Kern verklemmter Sexualität auf den Punkt. Abgesehen von Kindersprache sind möglichst unauffällige oder abstrakte Bezeichnungen für unsere Genitalien und sexuellen Handlungen ein klares Anzeichen für einen Menschen, der sexuell verklemmt ist. Versteh mich nicht falsch, ich bin mir dessen bewußt, daß es bei diesem Thema sehr wichtig ist, auf den Kontext zu achten. Wenn du mit deinem Partner auf der Couch sitzt und Tee trinkst, wirst du vielleicht eher von deinem „Intimbereich" sprechen, aber wenn ihr im Bett bei der Sache seid, solltest du deinen Partner vielleicht nicht darum bitten, deinen „Intimbereich" zu verwöhnen, sondern ihm mit klaren Worten sagen, was du gerade von ihm erwartest, nämlich daß er dir bitte die Muschi lecken soll. Du kannst deinem Partner natürlich im Bett sagen, daß er deine Brüste streicheln soll, du könntest aber auch etwas direkter sagen, er soll dir bitte deine Titten (oder Titties, wenn sie eher klein sind) oder deine Möpse massieren, wenn dich das anmacht. (Die meisten) Männer mögen es ein wenig verrucht im Bett. Und bedenke, daß sich verrucht und liebevoll nicht ausschließen müssen.

Der Titel meines Buches ist ein weiteres Beispiel für Kontext. Du kannst deinen Partner auch in einer Alltagssituation mit einem verschmitzten Lächeln ins Ohr flüsternd fragen, ob er vielleicht Lust hätte, später mit dir Liebe zu machen, aber wenn du nackt und mit gespreizten Beinen vor ihm liegst, wird es ihn mehr anmachen als du dir vorstellen kannst, wenn du ihm in die Augen schaust und ihm sagst, daß er dich jetzt ficken soll.

Abgesehen vom Kontext ist auch der Grad der Erregung ein Kriterium für die passenden Worte. Frag einen Mann in einem netten Gespräch, was er am liebsten mit dir machen möchte, und er wird es dir eher diplomatisch umschreiben, aber frag einen Mann, was er gerne mit dir machen möchte, wenn er kurz vor dem Orgasmus ist, und er wird dir seine geheimsten Phantasien verraten. Mit unmißverständlichen und direkten Worten.

Um kurz auf die oben erwähnte Kindersprache einzugehen, erwachsene Menschen sollten eigentlich in ihrer Entwicklung für sich passende und angemessene Begriffe finden, um bestimmte Körperteile und ihr Sexualverhalten zu benennen, ohne daß es kindlich klingt. Kleine Mädchen haben vielleicht eine Mumu, aber erwachsene Frauen haben eine Möse oder zumindest eine Muschi. Es gibt unzählige Bezeichnungen für das weibliche Geschlecht, glaub mir, dein Partner möchte wissen, welches Wort du bevorzugst und welches dich vielleicht anmacht. Die meisten Frauen mögen das Wort „Fotze“ nicht, weil es auch als Schimpfwort benutzt wird (interessanterweise nicht selten von Frauen selbst), aber je nach Kontext kann ein eher als vulgär empfundenes Wort auch sehr erregend wirken. Es gibt Frauen, die im Alltag eher unauffällig und sogar etwas bieder wirken, die aber beim Sex gerne von ihrem Fötzchen sprechen. Falls du meine Ausdrucksweise für zu vulgär hältst, frage dich, was daran schlimm ist, wenn es doch einen luststeigernden Effekt hat oder einfach Ausdruck höchster Lust ist. Die Bewertung findet nur in deinem Kopf statt.

Ach ja, kleine Jungs haben vielleicht einen Pipimann oder einen Schniedel, aber ein Mann hat immer einen Schwanz, selbst wenn er eher klein ist. Nebenbei gesagt, wirken anatomisch korrekte oder medizinische Begriffe einfach zu steril und distanziert. Wenn mich eine Frau bitten würde, meinen Penis in ihre Vagina einzuführen, müßte ich entweder lachen oder wäre schlagartig nicht mehr erregt.

Was den Sex an sich angeht, so wirken Männer aus Sicht der Frauen wahrscheinlich eher unromantisch, wenn es darum geht, über den Sexualakt zu sprechen. Männer sind im allgemeinen pragmatischer und emotional distanzierter, deshalb beschreiben sie Sex auch oft entsprechend: Männer haben Sex, sie ficken mit ihrer Partnerin, sie besorgen es ihr gründlich, sie nehmen sie (hart) ran oder poppen sie gut durch. Ein Mann könnte sagen: „Ich habe mit ihr geschlafen“, wenn er über eine Frau spricht, mit der er Sex hatte, aber vielleicht sagt er auch nur „Wir waren zusammen im Bett“ – oder eben „Wir haben gefickt.“ Und wenn ein Mann mit einer Frau schlafen möchte, wird er wahrscheinlich eher nicht genau das sagen, also „Möchtest du mit mir schlafen?“, sondern vielleicht „Hast du Lust auf Sex?“ Ich möchte dir als Frau nicht deine romantische Vorstellung zerstören, sondern nur darauf hinweisen, daß Männer beim Sex ihre emotionale Wahrnehmung nicht unbedingt an erste Stelle setzen. Wenn ihre Lust und Erregung steigt und entsprechend angeregt wird, möchten Sie mit dir zusammen ihre Lust ausleben, um nachher im Idealfall wirklich befriedigt und zufrieden zu sein. Und dennoch schließt das nicht aus, daß man beim Sex liebevoll und zärtlich miteinander umgeht, und sich nach dem Sex wohlig an den Partner kuschelt und zärtlich zueinander ist.

„Dirty Talking“ hat übrigens nichts damit zu tun, sich zu beschimpfen oder zu erniedrigen (außer das gehört zum Fetisch oder einem Rollenspiel), sondern wie schon angedeutet, geht es bei Verbalerotik darum, entweder Lust auszudrücken oder sie zu steigern. Und auch wenn das zunächst paradox klingt, können genau die Worte, die man im Alltag eher vermeiden würde oder die man als zu vulgär ablehnt, in der richtigen Stimmung einen sehr erregenden Effekt haben. Das liegt am Reiz des „Verbotenen“ oder „Verruchten“.

Grundsätzlich kann Verbalerotik auf mehrere Arten und auf verschiedenen Ebenen stattfinden:
(Die Beispiele sind jeweils aus der Sicht der Frau)

1. Man sagt dem Partner, was einem gerade gefällt:
„Das fühlt sich gerade sehr schön an."
„Mach weiter so, hör nicht auf."
„Ich liebe es, wenn du das tust."

oder auf einer direkteren Ebene:
„Ich liebe es, wenn du mir die Möpse massierst."
„Mach so weiter, dann komme ich gleich."
„Fick mich härter."

Das kann auch erotische Komplimente beinhalten.
„Ich liebe deinen knackigen Hintern."
„Du riechst so wahnsinnig gut."
„Ich küsse dich gerne überall."

und auf der direkteren Ebene:
„Du fickst mich so gut."
„Du hast einen schönen harten Schwanz."
„Du machst mich unglaublich geil."

2. Man sagt sich gegenseitig, was man gerne tun würde.
„Ich würde dich gerne mit dem Mund verwöhnen."
„.Massierst du mir bitte meine Perle."
„Ich möchte jetzt gerne oben sein."

auf der direkteren Ebene:
„Nimm mich jetzt von hinten."
„Bitte leck mir die Muschi."
„Los, spritz mich voll."

3. Man fragt den Partner, was er gerne tun würde.
„Was würdest du jetzt am liebsten machen?"

„Gefällt es dir, wenn ich das mache?“
„Wie möchtest du kommen?“

und auf der direkteren Ebene:
„Soll ich auf dir reiten?“
„Soll ich mit meinen Titten spielen?“
„Soll ich ihn in den Mund nehmen?“

Das sind natürlich nur Beispiele und Vorschläge. Jeder empfindet bestimmte Worte oder Sätze subjektiv anders, deshalb muß jeder mit seinem Partner die individuelle Ebene finden, auf der sich das ganze stimmig anfühlt, es kommt neben der Wortwahl ja auch auf den Tonfall und die Art an, wie man etwas ausspricht. Einige Dinge möchte man sich vielleicht sagen, während man sich direkt in die Augen sieht, während man andere Dinge seinem Partner lieber ins Ohr flüstern möchte. Wie bei allen Dingen im Bett geht es auch hier um Kreativität und Phantasie.

Romantik

Wenn du jetzt denkst, daß Männer überhaupt nicht romantisch sind, dann liegst du falsch, doch Romantik spielt sich bei Männern eher *vor* und *nach* dem Sex ab, nicht währenddessen. Während des Sex ist die Lust so dominant, daß sie das Bewußtsein beherrscht. Ein Mann wird sich mit dir gerne *vor* dem Sex über romantische Dinge unterhalten und so vielleicht auch einen Übergang zum Thema Sex schaffen, und zwar immer noch auf einer romantischen Ebene. Wenn ein Mann dir Komplimente macht, dann in der Regel, weil er wirklich meint, was er dir sagt. Die meisten Männer sind viel zu faul, um sich irgendwas auszudenken, sondern sie sprechen das für sie Offensichtliche aus. Sie werden dir sagen, was ihnen an dir gefällt, was sie erotisch oder sinnlich finden. Das gleiche gilt *nach* dem Sex. Abgesehen davon, daß viele Männer direkt nach dem Sex gar nicht reden, sondern erst eine Weile das Gefühl danach genießen möchten, werden sie anschließend das Bedürfnis haben, dir mitzuteilen, wie schön der Sex war und was sie gut fanden (vorausgesetzt das entspricht der Wahrheit), und das wieder auf einer durchaus romantischen Ebene. Ein Mann wird dir vielleicht *während* des Sex aufgrund seiner Lust sehr direkt sagen, wie geil der Sex ist, aber *nach* dem Sex wird er dir eher liebevoll sagen, wie leidenschaftlich er es fand und wie schön sich eure Vereinigung angefühlt hat. Kontext, wieder einmal.

Kommunikation

Eine Frage, die sich wohl bereits viele Frauen gefragt haben, lautet: Warum gehen Männer fremd? Die Antwort ist eigentlich ganz einfach: Weil sie zu Hause nicht das bekommen, was sie brauchen oder sich wünschen. Deshalb ist es so wichtig, daß sich ein Paar offen und ehrlich darüber austauscht, wie sich beide das Sexleben vorstellen, was beiden beim Sex gefällt, welche Wünsche man hat und welche Phantasien man vielleicht gerne mit dem Partner ausleben möchte. Da es relativ viele Männer gibt, die Probleme, Uneinigkeiten oder Frust lieber aussitzen und mit sich selbst ausmachen, anstatt mit ihrer Partnerin darüber zu reden, kann es daher sehr hilfreich sein, wenn die Frau in der Partnerschaft auf diese Dinge achtet und den Mann darauf anspricht, denn in der Regel sind Frauen nicht nur intuitiver, sondern auch kommunikativer als Männer. Und bedenke, daß selbst ein einfühlsamer Liebhaber dir auch nur vor den Kopf schauen kann. Ich habe schon oft gehört und selbst schon erlebt, daß man in einer Beziehung nach längerer Zeit feststellt, daß es bezüglich der Vorlieben beim Sex immer Mißverständnisse gab, weil keiner von beiden so richtig offen über seine Wünsche und Vorstellungen gesprochen hat. Am Ende stand nur die Frage im Raum „Warum hast du nie etwas gesagt?“

Ich möchte sicherlich nicht die Aufgabe, sexuellen Frust zu lösen, auf die Frauen abwälzen, aber es ist auf jeden Fall hilfreich, wenn du als Frau die Initiative ergreifst und auf diese Weise herauszufinden versuchst, was deinen Partner anmacht, was ihm gefällt und womit du ihn reizen kann. Die meisten Männer werden dir das nämlich nicht von sich aus erzählen, es sei denn, du animierst sie dazu. Im Gegenzug kannst du ihm natürlich ebenso erzählen, was du dir so vorstellst, was dir gefällt oder was du dir wünschen würdest. Männer wachsen ja an ihren Herausforderungen.

Die meisten Männer mögen es natürlich, wenn du schöne Unterwäsche anhast oder auch mal ein ausgefalleneres Kleidungsstück, das du vielleicht im Erotikladen gefunden hast. Grundsätzlich gefällt es Männern, wenn du sie mit deinen weiblichen Reizen verführst und herausforderst. Denk immer daran, du bist eine Frau. Du kannst bewirken, daß ein Mann denkt, er hätte es so gewollt. Und zwar so ziemlich alles, was du möchtest. Und dabei brauchst du dich auf keinen Fall schlecht fühlen, denn der Mann wird dir sicher nicht böse sein, wenn du ihn auf diese Art beeinflußt. Ich weiß, das klingt jetzt paradox. Einerseits hast du natürlich recht, daß es als Frau nicht deine Aufgabe ist, dich ständig um die sexuellen Bedürfnisse deines Partners zu kümmern, aber andererseits wird er keine andere Frau wollen, wenn er bei dir alles bekommt, was er möchte. Der Idealfall wäre natürlich, daß beide Partner sich ganz offen mit diesem nicht immer einfachen Thema auseinandersetzen und sich dazu entscheiden, sich bewußt um die sexuellen Bedürfnisse des jeweils anderen zu kümmern, was natürlich bedeutet, daß nicht du als Frau dich immer nur nach den Bedürfnissen deines Partners richtest, sondern du ihm im Gegenzug ebenso deine eigenen Bedürfnisse mitteilst und er im Idealfall die gleiche Idee hat, nämlich dir ebenso größtmögliche Lust zu bereiten, so wie du das bei ihm machst. Die Tür schwingt auch bei diesem Thema in beide Richtungen.

Lars Peter Kronlob

- Jahrgang 1972
- Verleger
- Autor
- Übersetzer
- Individualist
- Autodidakt
- Freidenker

- Berater für Neue Medizin
www.neue-medizin.eu

Foto von Marvin Greeven

außerdem von Lars Peter Kronlob erschienen:

Dissident.
Freiheit beginnt im Kopf

Die NEUE MEDIZIN.
Grundlagen zum Verständnis von Krebs
und anderen biologischen Programmen

NEUE MEDIZIN.
Gedanken zum Thema Krebs
und anderen biologischen Programmen

Keine Angst vor HIV.
Gib den Fakten eine Chance

Die esoterische Deutung des TAROT